천 개의 봄

시조사랑시인선 67

임선규 시조집

천 개의 봄

열린출판

임선규 시조집

천 개의 봄

1판 1쇄 발행 2025년 9월 30일

지은이 | 임 선 규
펴낸곳 | 열린출판
등록 | 제 307-2019-14호
주소 | 경기도 고양시 덕양구 권율대로 656, 1401
전화 | 02-6953-0442
팩스 | 02-6455-5795
전자우편 | open2019@daum.net
디자인 | SEED디자인
인쇄 | 삼양프로세스

ⓒ 임선규, 2025
ISBN 979-11-91201-94-9 03810

　우선 제 글을 시간 내어 읽어주실 독자 여러분께 감사의 인사를 전합니다. 여기에 모아 놓은 시조에는 억지스러운 대목도 있어 부끄럽습니다. 그러나 아무리 좋은 시조를 써보려 애써도 좀처럼 만족하기는 어렵습니다. 이 또한 저의 한계라 생각하며 용기를 내어 이 글을 엮었습니다.

　학창 시절부터 문학이 좋아 그런 책들을 가까이 두고 읽어 왔습니다. 틈만 나면 여기저기 낙서처럼 끄적이기도 했지요. 시조를 쓰다 보니 고마운 분들, 후회로 남는 순간들이 많이 떠올랐습니다. 이 책이 자칫 한낱 소음처럼 여겨지진 않을까 걱정되기도 하지만, 그럼에도 기쁘기만 합니다.

　처음 원용우 박사님께 시조를 배울 때, 함축된 언어로 비유를 잘 살린 글이 '맛있는 시조'가 된다고 일러주셨습니다. 저는 그 말씀을 늘 염두에 두고 글을 써 왔지만, 맛있고 잘 익은 시조를 쓴다는 건 여전히 멀기만 합니다.

많이 부족한 저를 여기까지 이끌어 주시고 격려해 주신 여러 교수님들, 글로 맺어진 문우님들, 열린출판 관계자 여러분께 깊이 감사드립니다. 그리고 언제나 미안하면서도 고마운, 사랑하는 우리 가족에게도 마음을 전합니다.

2025년 가을
임선규

■ 차례

2부 오래된 집

3부 사진첩을 보며

4부 뜬소문

5부 천 개의 봄

11

1부 서호에 뜬 달

가을날에

뙤약볕 이겨내니
열매들 넘쳐나고

보석을 품에 넣은
석류가 만삭이다

계절은
도담하게 익어
살아있기 좋은 날

개망초

해마다 여름 오면
묵정밭에 피고 지고

이름이 서러웠나
흰 깃발로 시위한다

달빛이
끌어안으니
느꺼워라 저 몸짓

꽃봉오리

무엇에 토라졌나
꼭 다문 붉은 입술

햇살의 입맞춤에
헤프게 입 열더니

자존심
내팽개치고
함박웃음 짓는다

나뭇가지

처음에 싹 틔울 땐 고만고만 했을 텐데
사이가 점점 멀어 그 거리가 심상찮다
자기 길 다투어 가니 제 뿌리를 잊겠네

 뿌리는 하나지만 가지는 다르듯이
근원은 하나지만 흐름이 다르듯이
외양이 서로 다를 뿐 한 핏줄을 받았다

담양 죽녹원

빽빽한 대숲에선 햇빛도 뚫지 못해
한여름 날씨에도 한기를 드리우고
댓잎이 몸 비비는 소리 천둥소리 같더라

하늘과 키 견주는 대나무 군락에서
오솔길 걷노라면 마음은 청량하고
어느새 선비가 되네, 초록 도포 걸쳐 입은

달빛은 풀어지고 들꽃도 잠드는 곳
밤이면 나는 간다. 그곳으로 나는 간다
마음속 들끓는 번뇌 잠재우기 위해서

등나무

심사가 뒤틀렸나
배배 꼬며 올라간다

타고난 운명이니
수굿이 지키다가

틀어진
마음을 열어
초록 물감 왈칵 쏟네

벚나무 아래에서

옥양목 삶아 빤 듯
새하얀 꽃잎들이

잠자는 세포 깨워
마음을 뒤흔든다

꽃 멀미
어지러워라,
자고 나니 찾아온 봄

보호수保護樹

우람한 몸피 보니
그 세월 가늠되네

호시절 있었으나
비바람도 맞았으리

지팡이
의지하면서
기우는 몸 잡는다

봄 언저리

엉큼한 저 나무는
재산을 숨겼다가

이때다 싶을 때에
이파리 쏟아붓네

나목은
도깨비방망이
잎 나와라 뚝딱뚝딱

봄날의 신열

긴 세월 흘렀어도 생생한 지난날을
아직도 못 잊는가 가슴 떨던 아린 추억
산기슭 붉은 진달래 감당 못 할 유혹이여

라일락 은은한 향 골목길 들썩일 때
머릿속 문신되어 깊이 박힌 푸르른 날
잎 떨군 나목 되어도 아파온다 그 시절

봄 머리에

건듯 분 명지바람
잔설마저 밀어내고

언 땅이 꿈틀대며
성긴 숲 술렁이면

들판은
초록 물감을
왈칵왈칵 쏟으리

서호*에 뜬 달

하늘이 눈을 뜨니 밝은 달 둥실 뜨고
호수가 출렁대니 맑은 달 출산하네
소동파 호위받으며 서시* 얼굴 내비친다

뱃전에 기대앉아 달과 내가 마주하니
내 얼굴 낯익은지 빙그레 웃어주네
앞 풍경 뒤로 밀리며 하염없이 떠간다

*서호: 중국 항저우 위치 거대한 호수
*서시: 중국 4대 미인 중 하나

석양

쉼 없이 달려와서
벌겋게 익은 얼굴

수평선 걸터앉아
영원을 꿈꾸는가

꽉 쥔 손
슬며시 풀며
아름답게 가야지

시골길

서울 간 오빠 올까
신작로 내다보면

오만한 급행버스
흙먼지 달고 가고

늘어선
미루나무는
겸연쩍어 먼 산 보네

쌍계사에서

벗꽃이 눈물처럼 뚝뚝 뚝 지는 봄날
새파란 스님 한 분 법고를 두드린다
누구를 부르는 것일까 애잔해라 저 몸짓

스님의 장삼 자락 덩달아 춤을 추고
가지 끝 놀란 새들 후드득 날아간다
절제된 감정의 표출 경내 마당 숨죽이네

아침 산책길

동살이 잡혀 오면
푸나무 생기 돋고

어르신 철봉으로
노익장 과시할 때

능소화
덩달아 매달려
안간힘에 얼굴 붉다

파도

오라고 안 했는데
다가와 맘 흔들고

밀치지 않았는데
횡허케 가버리네

밀당이
습관이라면
바람둥이 아닐는지

폭염

나무들 기진하고
풀들은 항복하고

잠자리 어지러워
제자리 맴을 도네

낮잠을
자고 났는데
가을이면 좋겠다

폭서暴暑에

첫새벽 어둠 뚫고 산책길 도착해도
나보다 먼저 와서 팔 흔들고 걷는 무리
선잠 깬 새들과 풀잎 눈 비비며 일어선다

저 멀리 버스 한 대 멀미하며 지나가고
사람들 늘어져서 환영처럼 떠가지만
아무리 푹푹 쪄 봐라 꽃은 피고 벼 익는다

광기를 품은 태양 온 산하 불태워도
저 폭군 주춤댈 때 선한 임 곧 오리니
지그시 참고 견딘다, 한두 해를 겪었는가

호박꽃

울타리 흐벅지게
노란 꽃 피어있네

시선을 받든 말든
오로지 영양 섭취

줄기가
쪼그라드니
외려 열매 탐스럽다

2부 오래된 집

고향

뻐꾸기 뒷산에서 해종일 울어대고
밤이면 뭇별들이 마당에 쏟아지던
어릴 적 떠나온 마을 내 맘속에 자란다

뒤울안 장독대엔 사 남매 올망졸망
수없이 다독이며 숙성되길 기다리고
샛별은 정화수 속에 반짝반짝 빛난다

바른길 걸으라던 부모님 말씀 따라
올곧게 살아내려 무던히 애써왔네
왔던 길 더듬어 보니 순간순간 꿈이다

품은 뜻 이루리라 달려 온 지난 세월
어깨짐 덜어내고 저물녘 찾아오니
사립문 열어둔 채로 초가집이 반기네

구례에서

기차에 몸 맡기고 남으로 떠난 여정
대숲에 들어서니 마음밭 푸르르고
토지면 금환락지 터 후한 인심 기름지다

구름은 산허리에 걸터앉아 숨 돌리고
날갯짓 지친 새들 집 찾아 날아들고
사성암 기암절벽은 구례마을 굽어본다

화엄사 들어서니 두 손 절로 모아진다
약숫물 한 모금에 흐린 눈 밝아지며
막힌 귀 활짝 열리는 고승들의 불경 소리

지리산 베개 삼아 섬진강 이불 삼아
나그네 잠 청하다 새벽에 눈을 뜨니
작약은 눈웃음치며 낯선 이를 반긴다

두물머리 산책

두 강물 서로 만나 어깨춤 들썩이니
빈 뗏목 무심하게 바람 따라 찰랑대고
벚나무 위초리에는 연둣빛이 물든다

예전에 배를 타고 마포나루 향할 적에
저 하늘 저 구름도 오늘과 같았으리
주막에 터 잡은 국밥집 왁자지껄 분주하다

물결에 몸을 맡긴 물오리 한가롭고
봄꽃은 향기 뿌려 상춘객 달뜨는데
노을은 창문 너머로 온 산하를 불 지른다

무교동에서

여기가 거기 인가
친구들 어디 갔나

두레박 드리우고
옛 기억 퍼 올려도

낯익은
이 거리에서
섬이 되어 서 있네

메주

정월에 메주 띄워 옹기 뚜껑 열고 닫고
건고추 띄워 놓고 해님 달님 오고 가면
곰삭아 어우러진 맛 오묘하기 짝이 없네

인물이 대수더냐 실속이 있어야지
뚝배기 된장찌개 언 마음 녹여주면
세상사 근심 없어라 네가 바로 복덩이

미술관에서

외로움 달래면서 점점이 찍은 그림
큰 화폭 메우면서 마음을 다독여도
내 안에 내가 갇혀서 무한 반복 그렸나

골목 안 아기 업은 상고머리 무명치마
여기에 내가 있네 꽉 맨 매듭 풀려가네
인파 속 떠밀려간다 그리움을 걸어두고

눈으론 알 수 없는 색채의 성찬 앞에
고독한 몸부림과 내밀한 향 맡아지고
그림은 사연을 담고 침묵으로 서 있다

백자

불길에 구워내도
청아한 고운 자태

만삭인 풍만함은
도자기 기품인가

도공이
체온으로 빚은
숨을 쉬는 달항아리

성묘

묘비석 마주하며 무릎 꿇어 절 올릴 때
빙그레 웃어주던 생전 모습 선합니다
육신은 헤어졌어도 마음조차 그럴까요

오래전 찾아뵌 후 이제야 왔건마는
외롭다 않으시고 팔 벌려 안으시네
마음이 저려옵니다 참은 눈물 흘려요

저에게 베푼 정성 끝 간데없는 데도
떠밀려 살다 보니 그 사랑 잊었네요
바람이 전해줍니다, 괜찮다고 괜찮다고

소풍

세상 밖 나들잇길
앞서가고 뒤처지고

역할극 막바지에
돌아보니 꿈이었나

아직은
끝나지 않은
선물 같은 내 인생

송현동 광장에서

안국동 거리에서 지난 흔적 찾아봐도
횅덩한 광장 모습 도대체가 낯이 설다
눈익은 인왕산 자락만 인자하게 웃어줄 뿐

달팽이 등짐처럼 버거운 짐 끌고 온 삶
인생은 찰나였나 종착역이 다가온다
가볍게 걸어가야지 아픈 다리 달래며

찬연한 나의 봄날 가뭇없이 스러지니
그 시절 흑백사진 눈앞에서 어른대고
갈대는 흰머리이고 노을 속에 빛난다

*종로구 송현동 열린녹지광장. 옛 미 대사관 직원 숙소 자리.
 높은 담 허물고 야생화 군락지 조성.

오래된 집

내 집은 오래되어 손볼 게 많습니다
이따금 바람 불면 지탱하기 버거워도
때때로 꽃이 필 때면 환한 모습 되지요

낡아도 다독이면 한동안 쓸만하고
견뎌온 세월만큼 운치도 있답니다
앞마당 열매 익으니 이 산 저 산 곱네요

오래된 엽서 한 장

서랍 속 깊은 곳에 잠을 자던 엽서 한 장
살포시 눈을 뜨며 기지개를 켜고 있다
큰오빠 신혼 여행길 아득해라 그 옛날

동생을 자식처럼 가르치고 보살피니
철없는 막냇동생 그 품에서 꿈 키웠네
아버지 역할 다하신 그 큰 사랑 가없다

선물도 샀다 하며 가족 안부 물으시던
만년필 푸른 글씨 아직도 선명한데
첨성대 코스모스는 갈바람에 해맑다

오이지

친구가 먹어보라 슬며시 건네준다
오도독 씹히는 맛 입안이 개운하네
식탁에 모인 식구들 젓가락질 분주하다

푸른 날 가시 돋쳐 기세등등 했건마는
탱탱한 피부 잃고 주름만 가득하네
물기 뺀 앙상한 몸매 외려 더욱 도도하다

올림픽공원에서

나무들 비탈에서 사선으로 굽었어도
평지의 친구들을 부러워 하지 않네
스스로 제 몫을 하니 그 자리가 꽃자리

비바람 뙤약볕도 꿋꿋이 견뎌내며
오로지 바라는 건 단단한 뿌리 내림
서로가 어우러지니 짙은 숲을 이룬다

운곡을 찾아서

묘비에 새긴 이름 손 모아 마주하니
흰나비 나풀대며 주위에 맴을 돌고
청송은 임 호위하며 낯선 객을 반긴다

솔바람 손을 잡고 다가간 창의사엔
긴 세월 어제인 듯 발자취 뚜렷하고
숨죽인 제례 봉행에 푸나무도 읍하네

절의의 표상으로 당대의 문인으로
후대의 스승 되고 강원의 얼이 되니
올곧은 선비의 향기 비로봉을 넘는다

장독대

고향 집 뒤란에는 옹기들 모여 산다
해와 달 오고 가고 장들이 익어가고
정화수 사발 속에는 새벽달이 뜨는 곳

동치미 설핏 어는 동짓달 추운 밤에
문풍지 재워 놓고 사뿐히 눈 내리면
눈 덮인 항아리들은 수채화를 그린다

장롱

모셔 둔 사주단자
내 아이 첫돌반지

우리 집 지난 역사
모조리 입에 넣고

표정은
시치미 뚝 떼고
멀뚱하니 서 있네

풍납 토성에서

문화재 발굴터엔
망초꽃 지천이고

까치는 마실 삼아
수시로 드나드네

몇 조각
수막새 문양에
한성백제 깨어난다

한탄강의 비경

한 조각 구름 떼어 정자를 만들었나
강물이 고개 들어 고석정 만들었나
높아서 더욱 외롭다 굽어보는 풍진 세상

석공을 모셔다가 주상절리 만들었나
끝없이 흐르는 강 여인의 치마런가
한탄강 말이 없구나 절로절로 흐를 뿐

푸른 물 아스라한 하늘과 손을 잡고
청송에 걸터앉은 두루미 한가롭다
이렇듯 한갓진 곳에 무슨 번뇌 있으랴

화산의 짐꾼

감당할 삶의 무게
전생의 업보인가

급경사 멍에 지고
묵묵히 올라간다

산하가
붉게 물드니
어깨 등짐 내리네

*화산: 중국 오악五岳 중 하나

3부 사진첩을 보며

거울

아무리 숨어봐도
네 모습 못 감추지

위선의 가면 속에
초라한 네가 있네

선하게
웃어 보이니
덩달아서 웃는 너

경로석

팔팔한 푸른 나무 눈감은 채 잠 청하고
귀퉁이 빈 좌석에 안도하는 굽은 나무
표정은 무덤덤하게 어디론가 향해간다

우리는 이래 봬도 장유유서 실천하고
비바람 이겨내며 꿋꿋하게 살아온 몸
몸피는 볼품없어도 실한 열매 남겼다

고목古木의 뿌리

두툼한 차림새로
외출을 하시었네

가지는 튼실한지
잎사귀 싱싱한지

자손들
궁금하시어
친히 오신 조상님

내 마음의 서랍

가슴 속 비밀 상자 조용히 잠자다가
어느 날 느닷없이 혼란에 빠뜨린다
옹이가 박힌 상처를 다독이며 가라고

해묵은 감정들이 예고 없이 튀어나와
머리는 뒤죽박죽 감옥에 갇히는데
내 매듭 스스로 푸니 온 세상이 환하다

노래를 듣다 가도 거리를 걷다 가도
갑자기 쏟아지는 소중한 기억들은
오롯이 보물상자 되어 고단한 삶 달래네

내 몸

경고등 무시하고
내달린 지난날들

빨간불 켜지고야
우왕좌왕 당황하지

새벽에
운동 나가니
약봉지가 비웃네

당신

넥타이 옥조이며
출근길 서둘렀지

등짐은 버거워도
쉼 없이 오른 고개

가쁜 숨
고르고 나니
노을빛이 찬연해

때로는

남한강 북한강은 외로워 몸을 섞고
대숲은 바람결에 아늑대며 흐느낄 때
우리는 모여서 살지 시린 어깨 보듬으며

웃자란 장다리꽃 온 들녘을 물들이고
초가집 나른하게 졸고 있는 그곳으로
밤이면 나는 떠나지 그리운 임 찾아서

뜨개질

바늘에 털실 걸어
한 코 한 코 엮다 보면

우리 임 허한 가슴
시린 목 감싸준다

실뭉치
술술 풀리니
엉킨 맘도 풀리네

만추

풀밭에 내려앉은
새벽녘 무서리가

외로움 부추기며
발목을 휘감는데

단풍은
제 흥에 겨워
에야디야 취했다

말 수 줄이기

무심히 툭 던진 말 상대에겐 비수 꽂고
뒤늦게 후회한들 쏟은 물 어이하리
차라리 어눌한 말투가 능변보다 더 낫다

입과 혀 재앙인 줄 뒤늦게 알아가네
말수는 줄일수록 마음이 한가롭고
자연은 친구 하자며 자분자분 다가온다

바느질

뜯어진 바짓단을
땀땀이 떠가는데

아프던 머릿살이
어느덧 사라지네

이참에
다친 마음도
야무지게 꿰맨다

반짇고리

옆 솔기 뜯어지고
셔츠 단추 달랑대면

고리 속 친구들이
뛰쳐나와 힘 모은다

내 몸도
깁고 매만지면
쓸만할까 남은 삶

베란다에서

겨우내 제라늄이
깊은 잠 빠지더니

기지개 활짝 켜고
햇볕을 몸에 담네

물 한 줌
줬을 뿐인데
기적처럼 눈 뜬다

병상에서

몸속에 떨어지는
방울방울 생명 수혈

한 모금 붉은 꽃이
꺼져가는 불 지핀다

내 몸은
빚진 게 많아
너를 빌려 내가 사니

부음을 듣고

황망히 떠난 사람 소식 듣고 가는 길에
들꽃은 손 흔들고 구름은 한가롭다
변한 것 하나도 없네 한 우주가 떠났는데

불꽃처럼 활활 타다 꺼져버린 생명의 불
빈 의자 남겨두고 어디 먼 길 가시는지
초행길 홀로 가시네 등짐 벗고 가시네

사진첩을 보며

생전의 당신 모습
그리워 바라보면

빙그레 웃으시며
밥 먹었냐 물으시네

자식이
배가 불러야
안도하는 어머니

산소에서

윤슬이 반짝이는 바닷가 언덕에서
완두콩 옹기종기 술잔을 받쳐 드니
반갑게 팔 벌리시며 굽은 등을 감싸네

고단한 살림살이 허리 한 번 못 펴시고
당신 걱정 뒤로한 채 허구한 날 자식 생각
먼 여행 가시는 날은 등짐 벗고 가셨나요

부모님 선물 중에 동기간이 제일이라
사는 일 바쁘지만 만나면 하하 호호
비바람 들이칠 때는 한 몸으로 뭉쳐요

그리움 가득 실은 고깃배 한가롭고
장다리 벌판에는 흰나비 맴을 돌고
어깨에 앉은 햇살은 당신인 듯 돌아봐요

엄마의 꽃밭

저녁 쌀 씻은 뜨물
화단에 휙 뿌리면

분꽃은 되살아나
밤새도록 두런댄다

수돗가
올망졸망 꽃
사남매를 닮았네

우리 부부

철없던 젊은 날에 연리지 연을 맺어
나날이 쌓이는 짐 복인 양 메고 왔네
왔던 길 되짚어 보니 매 순간이 꿈이다

미움도 서러움도 정으로 삭여내고
곁가지 쳐내면서 묵묵히 걸어온 길
서녘에 해가 기우니 가쁜 숨을 고른다

피붙이

부모님 선물 중에 동기간이 으뜸이라
만두 속 재료처럼 개성들은 뚜렷해도
버무려 어우러진 힘 거친 바람 막는다

뿌리는 같더라도 근원은 같더라도
제 갈 길 바삐 간다 앞서거니 뒤서거니
유전자 빙그레 웃네, 누가 봐도 한 핏줄

4부 뜬소문

11월의 외출

교문이 닫힐세라 냅다 뛰던 그 길에서
발길은 어느 틈에 교정을 향해 가고
호흡은 평정을 잃는다, 흑백사진 어른대며

여기가 거기일까 더듬이 촉 세워 보네
봄노래 선율 따라 꿈을 좇던 친구 얼굴
우리는 시들어가도 뿌린 꽃씨 피어나리

벌겋게 익은 석양 하루를 재촉하고
운동장 늙은 나무 무심히 나를 본다
너무나 멀리 왔나 봐, 눈 깜박할 사이에

고등어

바다 향 꿈틀대는
등 푸른 물고기가

어떠한 사연으로
식탁에 앉았는가

두 눈은
고향을 더듬네
노르웨이 먼 바다

그날

어느 날 꽉 잡은 끈 툭 놓치면 끝인가요
하늘이 찢기는 듯 뇌성 벼락 치던 날 밤
싸늘히 식은 육신이 경계선을 긋네요

무수히 꽂힌 주사 피 돌리던 그 투석실
진저리치던 시간 저승보다 좋았나요
문상객 줄지어 오니 외로움은 덜했나요

화롯불 화마 속에 용케도 견디시고
한지 속 한 줌 재로 남으신 우리 오빠
초행길 당당히 가세요, 생전 모습 그대로

까치집

삭정이 주워다가 나무 위에 집 짓는다
폭풍우 견뎠는데 설한풍 무서우랴
공중의 보금자리엔 새끼들이 눈 뜬다

가끔은 조각구름 잠시 들러 쉬어 가고
새들은 깃을 펴고 우쭐대며 비행하리
은하수 벗으로 삼아서 적막함도 즐기며

낙지의 변辯

내 무슨 잘못 있어
잘근잘근 씹어대고

날뛰는 분 못 삭였나
모질게도 두드리네

보신용
실수로 태어난
그 죄밖에 없노라

뒷북 코로나

세계가 들썩였던
전염병 전쟁에도

꿋꿋이 이겨내며
용케도 견뎠는데

추석에
웬 날벼락인가
온 식구가 드러눕네

뜬소문

눈 감고 귀 닫으니
마음은 평온한데

그래도 가끔씩은
궁금증 폭발하지

들뜬 맘
지그시 누르며
평정심을 찾는다

마스크

세 치 혀 단속하려
눈으로 말하라네

그동안 뱉은 구업(口業)
참회하고 속죄하며

허튼 말
새지 않도록
입마개를 두른다

만보기

숫자가 0이 되면 숫눈 밟는 기분이지
첫새벽 어둠 뚫고 한 발 한 발 내디디면
찬 공기 몸을 휘감고 안개 냄새 달큰하다

걸으면 살 수 있고 누우면 죽는다네
산책길 만원이다 바삐 가고 뛰어가고
두 눈은 숫자에 머문다 조금만 더 힘내자

뮤지컬 공연을 보며

제 삶은 제쳐두고
남의 인생 살아가는

저들의 역할 분담
현실처럼 다가온다

내 길도
배역에 충실한
연극 무대 아닐는지

보청기

보청기 귀에 꽂다
귀살스러워 빼버리니

안 들려 불편해도
마음밭 평화롭다

노화는
신이 준 선물
나쁜 것만 아닌가 봐

불면증

베개와 씨름하며
하얀 밤 뒤척이고

먼동이 틀 무렵에
설핏한 풋잠드니

도무지
알 수가 없네
도둑맞은 나의 잠

불통

두꺼운 얼음장도
봄이 오면 풀리는데

빗장 건 그대 마음
풀릴 길이 요원하다

다가온
명지바람이
차가운 손 잡아도

비밀

귀엣말 속닥속닥
내 입은 간질간질

바위로 눌러 놓고
물속에 던져 봐도

용케도
빠져나와서
사방 천지 널뛴다

연예인

많은 날 허비했다
TV 속 남자 보고

불현듯 뒷머리를
벼락 치듯 얻어맞곤

이제야
정신이 번쩍
허깨비를 사랑했네

비익조比翼鳥 사랑

-장한가 공연을 보고-

꽃들도 부끄러운 양귀비 미모 앞에
제방이 무너지듯 당 현종 무너지고
연리지 비익조 되어 영원하자 언약하네

꽃 없는 나비런가 양귀비 잃고 나니
뭇밤을 뒤척이며 그리움에 사무친다
귀촉도 울음소리만 섬돌 위에 가득한 채

화청지* 퇴색되고 가을비 흩뿌려도
사랑으로 묶인 끈을 그 누가 끊을 텐가
영혼도 한 몸 되리라 생과 사를 뛰어넘어

*장한가: 백거이 지음
*화청지: 당 현종과 양귀비의 로맨스 무대

종착역

요양원 오신 후로 아예 입을 닫으시고
세상사 달관한 듯 바깥소식 외면하네
공연히 손 빗질하며 허공만을 응시할 뿐

언제나 당당하던 그 모습 간 곳 없고
적막에 갇힌 병실 지인들 어디 갔나
머리맡 희미한 불빛 지난 여정 가물댄다

가시기 며칠 전에 또 오겠다 말했더니
감은 눈 뜨시고는 무연히 나를 본다
석양은 막다른 길에서 자신의 몸 사르는데

짐

돌덩이 안고 가면
급류에도 중심 잡고

빨래가 무거워야
바지랑대 힘 받는다

내 어깨
얹혀진 짐은
살아내는 버팀목

코로나 자가격리

그 무슨 잘못 있어 묶인 몸 되었는가
경계의 눈초리로 식구까지 몸 사리네
문 앞에 차려진 밥상 서러워라 외딴섬

이렇게 열병 앓고 병마와 싸우는 건
강풍에 대비하여 일어나란 예방주사
장하게 이겨냈으니 한 뼘쯤은 컸으리

갇혔던 시간 풀려 창문을 활짝 여니
기진한 공기들이 화들짝 눈을 뜬다
긴 터널 빠져나오자 밝은 빛에 눈 부셔

폐지 모으는 영감님

어둠을 밀어내고 여명이 밝아오면
비운 것 채우려고 새벽길 문을 여네
오늘은 함박웃음이 손수레에 가득 차길

길거리 구석진 곳 마른 빵 삼키면서
산 같은 폐지 싣고 골목길 훑고 갈 때
해거름 나무 밑으로 긴 그림자 끌려간다

넝쿨장미 · 1

아파트 울안에서
허리를 비비 틀다

고개를 내밀어서
향기를 토하더니

소나무
목말을 타고
공중으로 가출하네

넝쿨장미·2

울안에 무리 지어
피어날 운명인가

빼꼼히 목을 늘려
바깥세상 엿보더니

용암이
분출하는 듯
눌린 울분 발산한다

노송 앞에서

솔방울 매달고서 운치 있게 뻗은 자태
솔 향기 그윽하고 송홧가루 날리는데
가지에 두루미 앉히고 고향 뒷산 그린다

젊은 날 가늠되네 늠름한 저 소나무
몸통은 상처 나고 이곳저곳 옹이 있네
비바람 부대낀 세월에 두 손 절로 모은다

명자 언니

연로한 우리 언니 지그시 날 보시며
네 마음 가는대로 살아도 된다 하네
막둥이 종심이란 걸 벌써 알고 계셨나

등 굽어 키는 반쪽 어두운 귀 답답해도
풀 뽑고 감자 캐며 놀이삼아 하신단다
봄날에 명자꽃 피니 온 동네가 환하다

족두리 연지곤지 수줍던 내 언니가
붙잡는 막내에게 세 밤 자고 온다더니
망백을 등에 지고서 허위허위 고개 넘네

빨래

옥양목 홑청 뜯어 뽀얗게 삶아내어
햇살에 펼쳐 놓고 말갛게 바라보니
내 맘도 씻어 말린 듯 십 년 체증 뚫린다

절은 옷 방망이로 신나게 두드리면
욕심과 땟국물이 맘 비우듯 달아나고
뽀드득 눈 밟는 소리 청량하게 들린다

빨래를 개며

뒤집힌 양말 한 짝 늘어진 티셔츠를
배시시 웃으면서 얌전하게 접습니다
이토록 바삐 살아내는 안쓰러운 자식들

얇아진 내복 바지 허름한 운동 바지
평생을 바동바동 소처럼 일했어도
당신은 당당합니다 가족 위해 살아온 삶

사이

가까이 다가갈까
한 걸음 물러설까

손 뻗어 겨우 닿을
이쯤이 적당한지

춥거나
뜨겁지 않을
일정 거리 요만큼

선풍기

동여맨 선풍기가
날개 풀려 부활한다

잽싸게 돌고 돌며
바람을 토해내면

너 없이
어이 살거나
끌어안는 내 사랑

일기예보

기록적 한파라는
깃발이 나부끼면

거리는 털 이불 쓴
곰들이 오들댄다

윗목에
자리끼 얼어도
건재했다 나 때는

작약

빗방울 머금고서
새초롬한 표정 짓네

겹겹이 싸맨 가슴
속내를 숨겨봐도

햇살이
슬쩍 건드니
헤픈 웃음 까르르

책장

저마다 사연 품은
이야기 보따리가

나란히 줄을 서서
의뭉스레 서 있지만

일시에
봇물 터지면
우렛소리 나겠네

천 개의 봄

초록이 봄 햇살과 통정하는 어느 봄날
사방은 낯 붉히며 화르르 화르르르
어쩌나, 들켜버렸네 온 마을이 들썩인다

일시에 몰려온 봄 온기 한 줌 뿌려주니
입 다문 꽃봉오리 까르르 까르르르
꽃잎이 터지는 함성 한바탕의 꿈인가

초파일에

줄줄이 붉은 연등
야단법석 분주하고

영가등 초대받아
귀한 걸음 하시었네

법당 안
불경 소리에
삼라만상 춤춘다

틈

서로가 밀착하면
무너지기 십상이지

현명한 고슴도치
거리 두어 사이좋듯

돌담은
성긴 사이로
바람 통해 안전하다

어부의 노래

갈매기 친구 삼아 사선을 넘나든 삶
오늘은 어느 곳에 그물을 던져볼까
파도야 숨을 고르렴, 고깃배가 노 젓는다

바다가 삶의 터전 비바람 몰아쳐도
만선을 꿈꾸면서 힘차게 헤쳐가면
언젠가 끌어올리리 파닥이는 고기떼를

조각배 몸을 싣고 풍랑에 견딘 세월
예까지 다다르길 흘린 눈물 얼마던가
해안가 낡은 배 한 척 잔물결이 쓰다듬네

월담하는 꽃

학교 담 타고 넘어
교실 안 기웃댄다

영리한 능소화는
오늘도 공부하지

방정식
풀어내겠네
어깨너머 배운 실력

월하의 향기

우리 글 벗하시며 시조의 맥 이으신 님
지나온 발자취는 후학들 사표(師表) 되고
화천 땅 기념관 향기 깃발처럼 드높다

긴 세월 시조문학 면면히 이어오며
시단을 일궈 오신 선비의 공과 업적
큰 나무 버팀목 되어 어린 새싹 힘 나네

민족시(民族詩) 보급 운동 업(業)으로 여기시며
오로지 한뜻으로 대껴온 지난 여정
임께서 뿌린 씨앗에 그 열매가 영근다

석별

준비된 이별 와도 뼈 깎는 아픔인데
불시에 닥친 이별 무엇으로 견딜 텐가
우당탕 무너지는 소리 한 우주가 떠난다

언젠가 떠나겠지 방심한 무심 세월
빈 나루 뱃사공이 어서 오라 손짓하네
발밑에 와 있는 저쪽 언제라도 가는 거지

북으로 가는 길
-노르웨이에서-

뭉크*가 뭉개 놓은 노을이 흥분하니
피오르* 붉게 익어 산하는 젖어가고
페스트 훑고 간 마을엔 들꽃들이 살랑댄다

어둠을 신고 달린 툰드라 벌판에서
안개에 둘러싸인 낯설은 바람 냄새
차창 밖 그리운 얼굴 얼비치며 스쳐 가네

땅 위를 밟고 가든 물 위로 떠서 가든
일출은 축복이고 일몰은 황홀해라
크루즈 갇힌 공간에 한 조각 꿈 떠간다

*뭉크: 노르웨이 화가
*피오르: 빙하가 녹은 만

따스한 마음으로 보는 시선視線

원용우(시조시인, 문학박사)

임선규 시인이 첫 시조집을 내신다고 한다. 그의 실력으로 보면 이미 작품집을 발간했어야 하는데 원래 겸손한 분이라 이제야 세상에 드러낸다고 한다. 나한테 보낸 작품이 100편가량 되는데, 현재 우리들의 생활과 밀접한 소재들이다. 시조 생활이라 해도 좋고 생활 시조라 불러도 좋다. 내용을 살펴봐도 부정적인 면은 안 보이고 긍정적인 면만 그렸다. 귀에 거슬리는 언어는 찾아볼 수 없었던 것이다. 원래 시나 시조는 서정성이 강한데 이번의 작품집은 그 서정성에 미의식까지 강하다고 느껴진다. 시나 시조는 강하거나 거친 느낌이 들기보다는 부드러워야 한다. 음식도 너무 거칠거나 뻑뻑하면 맛없듯이 부드러워야 잘 넘어간다. 그리고 시조는 상상력, 비유법, 참신성이 있어야 문학성을 인정받는데, 이번의 시조집이 좋은 예라고 생각된다.

I. 인생 여정

철없던 젊은 날에 연리지 연을 맺어
나날이 쌓이는 정 복인 양 메고 왔네
왔던 길 되짚어 보니 매 순간이 꿈이다.

미움도 서러움도 정으로 삭여내고
곁가지 쳐내면서 묵묵히 걸어온 길
서녘에 해가 기우니 가쁜 숨을 고른다.

-「우리 부부」 전문

이 작품의 제목은 「우리 부부」이다. 이 세상 만물은 음과 양으로 나누어진다. 그런데 음과 양은 합쳐서 조화를 이루면서 살아가게 되어있다. 하늘은 양 땅은 음, 해는 양 달은 음, 남자는 양 여자는 음, 그런데 음양이 만나서 조화를 이루어야지, 음과 음, 양과 양이 만나면 상충이 되어 짝을 이루지 못한다. 연리지는 두 나무의 가지가 뻗으면서 합쳐진 것인데, 이 두 나무도 하나는 음, 또 한 나무는 양일 것이다. 두 나무도 암컷과 수컷이 만나서 하나의 나뭇가지가 되었을 것이다. 이 연리지처럼 하나가 되어 부부의 연을 맺게 되는 것이다. 그래서 나날이 정이 쌓이고 그것을 복인 양 메고 왔다는 것이다. 지난날을 되돌아보니 꿈처럼 흘러가서 아득하다는 것이다.

살다 보니 미운 정 고운 정 다 들게 되었고, 필요없는 가지는 쳐내면서 살아왔는데 어느덧 노년기가 되어 가쁜 숨을 몰아쉬면서 종착역을 향해 달려가는 막차가 되었다는 것이다. 그러니 인간의 삶을 마라톤 선수에 비유한 것이다. 달리기를 안 하고 그냥 걸어서 가는 나그네 비유되기도 한다. "곁가지 쳐내면서 묵묵히 걸어온 길"은 상상력을 동원한 것이고 인생 여정을 나그네가 먼 길 가는 것으로 본 것은 적절한 비유다. 무대 위에 서 있는 배우라고 볼 수도 있다. 이처럼 비유법을 잘 썼으니 문학성이 뛰어난 작품이라 생각한다.

> 황망히 떠난 사람 소식 듣고 가는 길에
> 들꽃은 손 흔들고 구름은 한가롭다
> 변한 것 하나도 없네, 한 우주가 떠났는데
>
> 불꽃처럼 활활 타다 꺼져버린 생명의 불
> 빈 의자 남겨두고 어디 먼 길 가시는지
> 초행길 홀로 가시네 등짐 벗고 가시네.
>
> - 「부음을 듣고」 전문

이 작품의 제목은 「부음을 듣고」이다. 누구인지는 모르지만 어떤 사람이 세상을 떠났다는 것이고, 자아는 그 장례식에 가면서 느낀 감정을 솔직하게 털어놓았다. 이 세상 우주 만물은 죽지 않고 영원히 사는 것은 불가능하다. 한 생애를 살았으면 이 세상에서는 생을 마감하고 저 세상에 태어나서 새로운 생을 맞이해야 한다. 그래서 우주 만물은 모두 다 자연순환의 원리를 따르게 되어있다.

그 작고한 분을 자아는 "황망히 떠난 사람"이라 표현했다. 그렇다면 그 분위기는 비통할 수밖에 없다. 그런데도 자아는 평정심을 잃지 않고 있다. "들꽃은 손 흔들고 구름은 한가롭다"라고 노래하였다. 그 상황을 "변한 것 하나도 없네"라는 감정을 토로하였다. 그러면서도 한 사람이 떠나간 것을 "한 우주가 떠났는데"라고 하였다. 한 사람을 한 우주라 본 것은 성리학적 견해이다.

어떻게 한 개체를 우주라 볼 수 있는가? "사람의 형체는 천지(天地)와 상응하고 있다. 원형의 머리는 위에 있어서 하늘을, 방형의 발은 아래에 있어서 땅을 상징한다. 북극은 하늘 중앙의 북쪽에 있으므로 사람의 백회혈(百會穴)은 정수리 뒤편에 있고, 일월의 왕래는 하늘의 남쪽에 있으므로 사람의 두 눈은 모두 앞에 있으며, 바닷물은 맛이 짜고 모든 강물이 흘러 들어가는 곳으로, 남쪽 아래에 위치해 있기 때문에 사람의 성기 또한 앞쪽의 아래편에 있는데, 바른 기운을 얻었기 때문이다.[1]

그런 의미에서 한 인생을 한 우주로 보는 것은 맞는 말이요 정당한 논리이다. 상기 작품은 기승전결의 구조를 지녔다. "불꽃처럼 활활 타다"는 인생의 전성기를 의미한다. 인생으로 말하면 40대나 50대에 해당한다. "꺼져버린 생명의 불"은 사람의 생명이 바닥까지 떨어졌음을 상징해 준다. 그래서 인생 여정이란 말이 가능한 것이다. 갓

---

1) 朴完植 譯: 성리학이란 무엇인가? 여강출판사, 1999, 34쪽.

태어난 생명은 언젠가는 죽음을 맞이하게 되는데 이것은 만물의 생장 소멸설을 밑받침해 준다. 작품에서 "빈 의자"라고 했는데 이 역시 사람이 죽었다는 것을 은유해 준다. "초행길 홀로 가시네, 등짐 벗고 가시네"는 인생의 죽음을 은유한 것이다. 이처럼 은유나 상징법을 활용해야 시적 성공을 거둘 수 있다.

II. 그리움의 정서

여기가 거기인가
친구들 어디 갔나

두레박 드리우고
옛 기억 퍼 올려도

낯익은
이 거리에서
섬이 되어 서 있네.

- 「무교동에서」 전문

이 작품의 제목은 「무교동에서」이다. 형식은 단시조이다. 원래 단시조의 효시 작품은 역동 우탁의 「탄로가」이다. 그 당시 시조의 출발은 정형시라 생각되는데, 그것은 일정한 규칙에 의하여 성립된 시이고, 그 나름의 틀과 격

식이 있었다. 오래전부터 전해 오는 형식으로 이미 그 유형이 정해져 있었다. 일정한 구조를 지니고 있고, 일정한 리듬을 지니고 있다. 전통시라 하고 고유시라고도 부른다. 한자로는 '短時調'라 쓰는 이도 있고, '單時調'라 쓰는 이도 있다.

위의 시조는 3장 6구 12소절로 된 기준형에 가깝다. 기승전결 구조를 띠었는데 초장은 시상을 일으키는 기구起句에 해당한다. 무교동은 자아가 자주 방문하던 낯익은 곳이었다. 그런데 너무 안 가서 몰라보게 달라졌다는 것이다. 여기가 거기인가 친구들 어디 갔나라고 해서 낯선 곳이 되었다는 것이다.

중장은 승구承句에 해당하는데 시상의 비약이 심하다. 두레박을 드리우고 옛 기억을 퍼 올린다는 것이다. 물을 퍼 올리는 것이 아니라 기억을 퍼 올린다고 한 데에 묘미가 있다. 이처럼 시에서는 말재주를 부려야 한다. 남들이 흉내 낼 수 없는 말 부리기를 해야 한다. 마찬가지로 종장은 전결轉結에 해당하는데, 멋진 표현으로 종장의 묘미를 장식하였다. 초장에서 "친구들 어디 갔나"라고 했던 것이 종장에 와서는 "섬이 되어 서 있다"라고 하였다. 외롭다고 하지 않고 섬이 되었다고 하였다. 이런 표현이 이 작품의 가치성을 높여 준다고 생각한다.

고향집 뒤란에는 옹기들 모여산다

해와 달 오고 가고 장들이 익어가고
정화수 사발 속에는 새벽달이 뜨는 곳

동치미 설핏 어는 동짓달 추운 밤에
문풍지 재워 놓고 사뿐히 눈 내리면
눈 덮힌 항아리들은 수채화를 그린다.

- 「장독대」 전문

　장독대는 고향집의 그리움이 묻어나는 곳이다. 그 위치가 집 뒤로 돌아가야만 눈에 띄는 항아리들이다. 그 항아리에는 된장, 고추장, 간장들이 가득 채워졌다. 이 장들을 매일 함께 먹고서 살아가는 사람들이 한 가족이요 같은 식구들이다. 그 모습을 "옹기들 모여 산다"라고 하였다. 정다운 식구들이 모여 살 듯이 그 항아리들도 함께 모여 산다는 뜻이다. 그 장들은 오랜 기간 숙성시켜야 하는데 그 모습을 "해와 달 오고 가고 장들이 익어가고"라 표현하였다. 그런데 그 장독대는 우리의 어머니가 깨끗한 정화수 떠다 놓고 자식들의 성공을 비는 기도처이다. 그런데 그 정화수 있는 곳을 새벽 달이 떠 있는 곳이라 하였는데, 그것은 기도하는 시간이 새벽 무렵이란 것을 암시해 준다. 지금 세계는 현대과학 문명이 눈부시게 발전하고 있는데, 그 반대로 옛것을 숭상하면서 고전미를 맛보게 해주는 곳이 장독대임을 깨달아야 하겠다.
　제2수는 계절적 배경이 '동짓달'이요 시간적 배경은

'추운 밤'이다. 얼마나 추울까는 독자들의 상상력에 맡기겠다. 그런데도 아늑한 분위를 느끼게 되는 것은 무엇 때문일까? 그것은 중장 때문이다. "문풍지 재워 놓고 사뿐히 눈 내리면"이라는 분위기 때문이다. 그 추운 밤에 시원한 동치미 한 사발 마시면서 아기를 재우듯이 문풍지를 재워 놓고 화롯가 앉아서 즐겁게 얘기하는 장면을 떠올려 보라. 더구나 밖에 눈 덮인 항아리들은 수채화를 연상하게 된다. 초장에서는 맛을 떠올리고, 중장에서는 동화 같은 장면을, 종장에서는 수채화 같은 미술 작품을 떠올리게 된다. 이 작품은 이처럼 환상적인 아름다움을 나타내면서 그립고 아쉬운 정서를 자아낸다.

III. 식물들의 목소리

우람한 몸피 보니
그 세월 가늠되네

호시절 있었으나
비바람도 맞았으리

지팡이
의지하면서
기우는 몸 잡는다.

- 「보호수」 전문

위 작품의 제목은 「보호수」이다. 보호수란 학습의 참고 및 번식을 위해 보호하는 나무이다. 수령이 몇백 년 된 나무나 멸종 위기에 처한 나무들을 보호수로 지정하는 경우가 많다. 상기 작품도 나이가 많은 나무에 해당한다. 우람한 몸피를 보면 그 세월이 가늠된다고 하였기 때문이다. 얼마나 체격이 대단하면 우람한 몸피라는 표현을 했을까? 세월이 가늠된다는 말도 나이를 많이 먹었다는 표현이다. 사람이나 식물이나 똑같은 과정을 겪는다고 생각한다. 나이를 먹다 보니 꽃피우는 좋은 시절도 있었지만 비바람도 많이 맞으면서 참고 견디었을 것이다. 눈서리도 맞고 더위나 추위도 겪었으리라. 사람처럼 나쁜 병에도 걸려 죽을 고비를 넘겼으리라. 종장에서는 완전히 의인법을 쓰고 있다. 늙은이는 혼자 걸어 다닐 수 없어 지팡이에 의지하고서도 기우뚱거리면서 중심을 잡지 못하는 경우가 많은데 식물의 경우도 다르지 않다는 생각을 해 본다. 무언가 의지할 나무나 쇠막대기를 설치해야 넘어가지 않고 설 수 있기 때문이다. 그렇다면 저처럼 나이 먹은 나무들이 평생 벙어리처럼 아무 말도 못 하고 그 몇백 년을 살아왔다고 생각하는가? 우리가 그 나무의 말을 해석하지 못하지만, 그들끼리는 서로 신호를 주고받으면서 소통하였으리라 생각된다. 기쁠 때는 소리 내어 웃고 슬플 때도 소리 내어 우는 정도는 표현했으리라 생각된다. 이러한 식물들의 언어를 배우고 싶다.

울안에 무리 지어
피어날 운명인가

빠끔히 목을 늘려
바깥세상 엿보더니

용암이
분출하는 듯
눌린 울분 발산한다.

-「넝쿨장미·2」전문

앞의 작품은 「보호수」였는데 뒤의 작품은 「넝쿨장미」
이다. 보호수는 덩치가 큰 나무인데 넝쿨장미는 덩치가
작은 식물이다. 사람이든 동물이든 식물이든 이 세상에
태어날 때는 타고난 운명이 있다. 예를 들어 사람이 김씨
집에 태어났느냐 이씨 집에 태어났느냐는 문제는 마음대
로 바꿀 수 없는 타고난 운명이다. 주인공이 임의대로 바
꿀 수 없다. 이처럼 변개變改가 불가능한 것을 우리는 천
명天命이라 한다. 위에서 인용한 작품은 「넝쿨장미」이다.

"울안에 무리 지어/ 태어날 운명"이라 하였다. 그런데
그 넝쿨장미가 목을 늘려가면서 바깥세상을 엿본다고 하
였다. 울안에서 울타리 밖을 바라본 것이다. 울밖에는 호
박꽃 채송화꽃 해바라기꽃 등이 만발한 꽃밭이다. 이런
식물들과 자유롭게 의사소통도 시도했을 것이다. 장미도

은근히 활짝 피우고 싶은 생각이 들었을 것이다. 그래서 온 힘을 다해서 빨간 모습을 드러낸 것이다. 그 결과가 이 작품의 종장이 되었다. "용암이/ 분출하는 듯/ 눌린 울분 발산한다"라는 것이다. 장미꽃이 다투어 만발했다는 것을 이렇게 표현하였다. 이런 것을 수사법에서 암유(暗喩)라고 한다. 둘 사이의 공통점은 장미는 빨간색 쏟아지는 것을 "눌린 울분 발산한다"고 보았고, 용암에서 화산이 분출할 때 빨간 물이 쏟아지는 것을 "용암이 분출한다"고 보았다. 장미의 빨간 색과 용암의 빨간 물 솟는 것을 같은 현상으로 본 것이다. 바로 이런 장면이 기상천외의 아이디어라고 생각한다. 이처럼 놀라운 비유는 남들이 흉내 낼 수 없는 것들이다. 나는 이런 장면을 놀라운 상상력의 결과라고 생각한다.

Ⅳ. 시조의 큰 스승

묘비에 새긴 이름 손 모아 마주하니
흰나비 나풀대며 주위에 맴을 돌고
청송은 임 호위하며 낯선 객을 반긴다

솔바람 손을 잡고 다가간 창의사엔
긴 세월 어제인 듯 발자취 뚜렷하고
숨죽인 제례 봉행에 푸나무도 읍하네

절의의 표상으로 당대의 문인으로
후대의 스승 되고 강원의 얼이 되니
올곧은 선비의 향기 비로봉을 넘는다.

- 「운곡을 찾아서」 전문

운곡 원천석은 고려 충숙왕 17년(1330)에 출생하고 90
여 세의 생을 누렸는데, 별세한 날짜는 분명하지 않다. 그
는 고려말 신흥사대부들과 비슷한 출생 배경과 사상적
기반을 지녔는데도 그들과는 달리 벼슬길을 단념하고 치
악산에 은거하였다. 3형제 중 둘째로 태어나 어릴 적부터
수재라고 알려졌는데, 자신의 재지才智와 학문學問을 감추
고 몸소 산전을 개간하여 농사를 지으면서 어버이를 봉
양하였다. 그의 생애를 보면 60세까지는 고려조에 몸담
아 살았고, 나머지 30년을 조선 시대에 살면서 은둔, 독
서, 저술 생활로 일관하였다. 그러면서 이색, 무학대사,
나옹화상 등과 교유하면서 고려에 대한 절의 정신을 놓
지 않았다.

상기 작품의 제목은 「운곡을 찾아서」인데 운곡의 묘비
와 사당을 찾아가 그분의 정신을 시조 작품으로 형상화
하는 작업을 시도한 것이다.

자아가 먼저 방문한 곳은 운곡 선생의 유적지이다. 그
유적지에는 선생의 묘소, 창의사 사당, 운곡 원씨들의 뿌
리를 모셔놓은 설단지, 현대식으로 지은 건물인 운곡학
회 등이 넓은 영역을 차지하고 있다. 그중에서도 제일 먼

저 방문한 곳이 선생의 묘소이다. 묘소의 위치는 고갯마루에 묘비와 함께 존재한다. 그 묘비에는 선생의 업적이 자세히 한문으로 기록되었는데 시인은 묘비에 새긴 이름에 예를 갖추어 합장하였다는 것이다. 선생의 업적을 요약하면 고려조에 대한 절의정신, 저서인 운곡시사, 그 당시 새로 발생한 단가 형식의 시조 등인데 이러한 업적들을 찬양하는 찬양 시조가 될 수밖에 없다. 제1수를 보면 시인 자신 외에 흰 나비, 청송 등이 등장하는데, 모두가 운곡을 위해 등장한 소재들이다.

그다음은 위치를 창의사로 옮겼는데, 솔바람의 손을 잡고 옮겨 갔다는 것이다. 그곳에는 운곡 선생에 대한 업적들이 유품으로 남아있고, 주변의 푸나무들도 제관들과 함께 엎드려 절하는 모습을 볼 수 있었다고 한다. 이러한 느낌은 시적 상상력을 동원한 것이다. 주변의 나무나 풀까지도 읍하고 있었다는 것은 우리의 육안肉眼으로 확인되는 사실은 아니다.

제3수 또한 운곡에 대한 찬사이다. 운곡은 절의의 표상이요, 당대의 문인으로 존중받는 인물이며 후대의 스승이 되고 강원의 얼을 대표하는 인물이라 찬양하였다. 그의 올곧은 정신과 인품에서 나는 향기가 치악산의 최고봉인 비로봉을 넘을 정도라 하였다. 이런 것이야말로 심안心眼으로 본 것을 그린, 문학세계에서나 가능한 표현이다. 그런 점에서 이 작품이야말로 운곡에 대한 일종의 찬

양가라 불러도 좋을 것이다.2)

> 우리 글 벗하시며 시조의 맥 이으신 임
> 지나온 발자취는 후학들 사표(師表) 되고
> 화천 땅 기념관 향기 깃발처럼 드높다
>
> 긴 세월 시조문학 면면히 이어오며
> 시단을 일궈 오신 선비의 공과 업적
> 큰 나무 버팀목 되어 어린 새싹 힘 나네
>
> 민족시(民族詩) 보급 운동 업(業)으로 여기시며
> 오로지 한뜻으로 대껴온 지난 여정
> 임께서 뿌린 씨앗에 그 열매가 영근다.
>
> -「월하의 향기」 전문

위 작품의 제목은 「월하의 향기」이다. 월하 이태극 선생은 1913년 강원도 화천군 간동면 방촌리에서 출생하셨다. 1933년 춘천 고등보통학교 5학년을 졸업했고, 1936년 4월부터 1938년 5월까지 통신교육으로 와세다대학 전문부 문과를 수학하였다. 그 후 1947년 9월 서울대학교 문리과대학 국어국문과를 2학년으로 편입, 1950년 5월 서울대학교 국어국문과를 졸업하였다. 그 후 1953년 1월 《시조연구》에 창작시조 「갈매기」를 발표한 것이 시조로 방향을 돌리게 된 것이다. 그 후 1960년 6월 1일 시조 전문지 《시조문학》을 창간하여 편집인과 발행인을 맡음으

---

2) 원용우: 운곡 원천석 선생의 절의 정신, 조은 출판사, 2021, 47쪽.

로써 전문 시조 잡지의 출간을 보게 되었고, 1996년 회고록을 발간하기까지 그 잡지 발간에 전념하였다. 시조문학이 발간됨으로써 시조 보급 운동이 확산하였으며, 무려 45년간 시조 업무에 종사하는 전문인다운 모습을 보여주었다. 다음은 아드님 이숭원 교수의 글을 인용해 보자.

"조수 초목을 보며 사는 것이 아버님의 꿈이었고, 달빛이 비치는 강을 바라보며 솔직담백한 심정으로 시조 한 수 지어 읊조리는 것이 아버님의 이상이었다. 아버님은 계간《시조문학》을 80대 중반까지 주관해 내셨는데, 건강 때문에 그 일을 지속하지 못하게 된 것을 무엇보다 안타까워하셨다. 아버님이 가장 사랑하신 것은 '시조'였다. 전에 어느 글에도 썼다시피 아버님은 이승을 떠나셨지만 삼천대천 세계 어디에선가 지금도 시조를 짓고 읊고 가르치고 계실 것이라 나는 믿는다."3)

상기 인용 작품의 제1수는 『월하 이태극 전집』에서 인용했듯이, 우리의 글 벗하시며 맥을 잇는 큰 스승이라 보았다. 선생의 업적이나 공로는 후학들의 사표가 되었고, 기념관에서 나는 향기는 깃발처럼 펄럭인다고 하였다. 제2수에서는 무려 50년 동안 시조문학의 발간을 맡아왔

---

3) 이숭원: 월하 이태극 시조전집, 태학사, 2010, 후기, 523쪽.

다는 것이며, 시조단을 개척하고 발전시킨 공로는 타(他)의 추종을 불허할 정도가 되었다. 이제는 큰 나무의 버팀목 되시어 어린 새싹들에 힘을 실어주는 몫을 다하신다. 제3수 또한 논조가 달라지지 않았다. 민족시 보급 운동을 업으로 삼으셨고, 오로지 시조의 길만 닦아온 그 여정에, 종장에서는 결론 맺어야 한다. 임께서 뿌린 씨앗에 그 열매가 영글어간다는 것이다. 영근 열매는 따서 먹는 것이 그다음 순서이다. 풍성한 잔치만이 남았다고 생각한다. 이외도 인물을 주제나 제목으로 한 작품은 교회의 찬송가처럼 찬양가가 될 수밖에 없다는 것을 다시 한번 강조한다.

이제 작품논의를 끝내고 마무리할 시간이다. 그 결과는 서론에서 언급한 것과 별반 다르지 않다. 특이한 것은 한 사람을 하나의 우주라 본 점이다. 또한 이 단락에서는 인생을 마지막을 달리는 기차로 보고, 그냥 걸어가는 나그네, 무대 위의 배우에 비유한 점이 특별하다. 그리움의 정서에서는 옛 기억을 퍼올린다고 한 점, 외롭다 하지 않고 섬이라고 한 것이 표현의 우수성이다. 장독대에서는 눈 덮인 장독대를 하나의 아름다운 수채화로 본 것이 눈길을 끈다. 그다음 식물들도 벙어리처럼 살 수는 없고 그 나름의 소통을 하면서 생을 마칠 것이라 보았고, 장미꽃이 핀 모습을 용암이 분출한 것으로 본 것은 기상천외의 발상이다. 이처럼 장점들을 찾아서 열거하려면 끝이 없다. 문학은 상상력, 비유법, 참신성이 뛰어나야 한다는 점을 강조하면서 남들이 흉내 내지 못할 정도의 작품을 많이 생산하시기 바란다. 앞으로 건강과 문운이 함께하시길 기대한다.